PÉTITION

ADRESSÉE

A LA CHAMBRE DES DÉPUTÉS DE LA FRANCE,

DANS LA SESSION DE 1829;

PAR

Le Général Guillaume de Vaudoncourt.

A PARIS,

CHEZ CORRÉARD JEUNE, RUE DE RICHELIEU, N°. 21.

1829.

IMPRIMERIE DE A. CONIAM,

FAUBOURG MONTMARTRE, N° 4.

A MESSIEURS LES MEMBRES

DE

LA CHAMBRE DES DÉPUTÉS

DE LA FRANCE.

MESSIEURS,

Frédéric-Guillaume de Vaudoncourt, maréchal-de-camp des armées françaises, a l'honneur de vous exposer ce qui suit :

En 1815, l'exposant, qui avait été employé à Metz, était de retour à Paris, où il se trouvait à la disposition du ministre de la guerre, lorsqu'il apprit, au mois d'octobre, qu'il était menacé d'une procédure et d'un ordre d'arrestation, que sollicitait le président même de la Cour royale de Metz. Dans un moment pareil, où l'exagération de quelques esprits, suite ordinaire des grandes crises, agitait toutes les passions, et confondait quelquefois les vengeances particulières avec la vindicte publique, l'exposant crut devoir se mettre en sûreté. Résolu d'attendre, pour se justifier, que la raison pût se faire entendre à son tour, il quitta la France, ignorant encore de quoi on l'accusait, et sous quel prétexte on pourrait le juger.

Ce ne fut qu'en 1817 qu'il put savoir, par un de ses amis, qu'il avait été condamné à Metz, le 19 septembre 1816, à la peine capitale ; mais sans pouvoir obtenir aucun renseignement sur la procédure qui avait été établie contre lui, et sur les véritables charges qui lui étaient imputées. Cependant, comme il n'avait résidé à Metz, en 1815 , qu'en qualité d'*Officier général employé*, et que, d'un autre côté, il ne se croyait pas compris dans les *exceptions* de la loi du 12 janvier 1816, n'ayant en aucune manière coopéré ou favorisé la révolution du 20 mars, l'exposant partit de ces deux bases , pour faire les premières démarches. Le 26 octobre 1817, il adressa au ministre de la guerre, et le 24 février 1818 , au garde des sceaux, deux mémoires, tendant à obtenir, ou une application favorable de la loi du 12 janvier 1816, ou le renvoi devant les tribunaux militaires, ses juges naturels. Le garde des sceaux, égaré par le sentiment qui le portait à aggraver le sort des proscrits, se refusa à prendre en considération les motifs allégués, et répondit, le 27 avril 1818, qu'il n'y avait pas lieu à accorder la demande , et que l'exposant eût à se présenter devant ses premiers juges.

Avant de se déterminer à une démarche aussi importante pour lui, l'exposant avait besoin de connaître la procédure établie, l'acte d'accusation , et les motifs du jugement qui en avait été la conséquence. Il réussit enfin , en 1820, à recevoir d'un de ses co-accusés (1), à qui le peu d'importance de sa part du prétendu délit, avait permis de purger sa contumace, les pièces de la procédure instruite contre tous, et qui avaient du lui être communiquées. Après que l'exposant les eut mûrement examinées , il lui fut facile d'en déduire les résultats suivans :

1º Qu'il avait été *soustrait à ses juges naturels*, et que le tribunal qui l'avait condamné, avait outrepassé sa compétence, en jugeant dans une cause pour laquelle il était incompétent.

2º Que l'acte d'accusation était absurde et nul, en ce qu'il portait sur un fait faux, en alléguant une *rebellion à l'autorité lé-*

---

(1) Après sa rentrée en France, l'exposant eut besoin , dans une cause civile, de l'extrait du jugement rendu alors , pour éviter des frais qu'il dût supporter.... Il lui fut refusé.... Que de réflexions ne fait pas naître ce refus !

gitime, dans un lieu et à une époque où cette autorité légitime n'était point encore reconnue (1).

3°. Que les juges avaient condamné l'exposant sur une procédure, où, sur *quatre-vingt-dix-huit* témoins interrogés, *six* seulement se présentaient à charge, sur les faits qui ont motivé la condamnation ; avec la note que *trois* étaient taxés de faux par la procédure même, et que, par conséquent, ils n'avaient pu être dirigés que par l'inimitié contre l'exposant.

4°. Que le jugement portait en lui-même une fausse application de l'art. 91 du code pénal, en ce que, jugeant au nom de l'autorité royale *légitime*, il qualifiait également de *légitime*, l'autorité de fait existante à l'époque du prétendu délit, et faisait ainsi servir l'autorité légitime, au profit de celle qu'il devait qualifier d'usurpation.

5o. Que le même jugement porte une fausse qualification de l'exposant, introduite sciemment et à dessein de le soustraire à ses juges naturels, et à le présenter comme ayant usurpé des fonctions, tandis qu'il était en activité de service et qu'un ordre du jour, du 6 juillet, lui attribue les fonctions qu'il a remplies.

Il ne sera pas difficile à l'exposant de justifier ce qu'il vient d'avancer, soit par des actes publics et notoires, soit par la procédure même, et c'est ce qu'il va faire aussi brièvement que possible.

Sur le premier point. Les co-accusés, que le jugement de la chambre d'accusation de Metz, du 20 février 1816, attribue à l'exposant, sont : 1°. Le sieur *Frantz*, quartier-maître des corps francs. 2°. Les sieurs *Tisserand* et *Ruzé*, capitaines au 9e. bataillon de gardes nationales mobiles des Vosges, réunies en division d'armée, au camp devant Metz. 3°. Les sieurs *Vandernoot*, adjudant-major, et *Simon*, lieutenant de la garde nationale de Metz, faisant le service de la place, mise en état de siége au mois de juin 1815, par l'ordre du jour, dont copie est ci-incluse,

______

(1) Le prétendu délit est du 13 juillet, et l'autorité royale en fut reconnue que le 24.

(*lettre A*) (1). Or, il n'y a aucun doute que tous , faisant un service militaire actif, et passés sous les ordres de l'autorité militaire , ne fussent, à l'époque du prétendu délit, justiciables d'un conseil de guerre. Telles sont, en effet, les dispositions des lois et des réglemens sur cette matière. Cette jurisprudence a même été suivie , dans le jugement des proscrits, de la première liste de l'ordonnance du 24 juillet 1815, quoique, à l'époque de leur jugement, ils n'appartinssent plus à l'armée.

Sur le second point. L'autorité du gouvernement de fait, établi dans les cent jours, durait encore, à Metz, les 13, 14 et même 15 juillet, et ce ne fut que le 24, lorsque l'exposant était déjà à Paris depuis quatre jours, qu'un ordre du jour, annonçant que l'autorité royale était de nouveau reconnue, prescrivit à la garde nationale et aux troupes d'arborer la cocarde blanche (*lettre B*). Il en résulte donc : 1°. Que si le 13 juillet, il y avait eu, à Metz, *rebellion contre l'autorité*, ce n'aurait pu être que contre *celle de fait;* et 2°. Que ce serait précisément pour venger cette dernière, que le procureur du roi aurait appelé l'autorité légitime à son secours.

Or, l'autorité de fait seul est toujours réputée une usurpation de pouvoir, dont les actes seraient punissables dans les chefs, s'ils n'étaient couverts par des conventions, des amnisties ou autres actes de l'autorité légitime, dont les droits ont été méconnus ou interrompus. Cette autorité de fait pouvait, pendant son existence, venger l'exécution de ses ordres , ou les tentatives dirigées contre elle. Mais il est impossible d'admettre que le gouvernement légitime, après son rétablissement, puisse ordonner des poursuites pour faits de désobéissance ou d'insurrection, contre l'autorité reconnue usurpatrice. Si la résistance à ses ordres ou à ceux de ses agens, ou l'emploi des moyens tendant à le faire cesser, n'étaient pas rigoureusement prescrits,

---

(1) On n'a pas jugé nécessaire d'imprimer, à la suite de la pétition, les pièces qui y sont citées, et qui, jointes à l'original, sont sous les yeux de la commission , et servent de preuve aux allégations énoncées.

au moins est-il impossible de concevoir l'idée d'un crime, dans un complot dirigé contre elle, si ce complot avait réellement eu lieu.

SUR LE TROISIÈME POINT. L'exposant, voulant restreindre la présente réclamation dans les termes les plus concis, se contentera d'un bref relevé des résultats de la procédure. Mais il croit devoir joindre à l'appui de son dire, l'extrait analytique ci-inclus (*lettre C*) de cette même procédure.

Avant tout, il est nécessaire d'observer que, tant l'arrêt de la chambre d'accusation, que l'acte d'accusation confondent deux faits essentiellement distincts, et dans l'un desquels, seul, l'exposant aurait pu être impliqué, s'il avait existé. Le premier est une réunion d'officiers de la garde nationale sédentaire, qui a dû avoir lieu le 13 juillet, par ordre de l'exposant. Le second, est une réunion d'officiers de la garde nationale mobile et des corps francs, qui a eu lieu le 15, et qui s'est rendue chez les généraux, pour réclamer la solde arriérée. Il était aisé, ainsi qu'on peut le voir dans l'analyse de la procédure, de distinguer, d'après le dire même des témoins, surtout du général Miollis, ce second fait du premier. L'exposant n'étant nommé par aucun de ceux qui déposèrent de ce second fait, la justice voulait qu'on l'écartât de l'accusation qui lui était personnelle, au lieu de s'en servir, dans l'intention d'aggraver les charges.

La contexture de l'acte d'accusation lancé contre l'exposant, porte sur trois faits principaux, dont l'existence et la succession auraient dû contester le prétendu délit. Ces trois faits sont :

1°. Une accusation de trahison, portée contre le gouvrrneur de la place, par l'exposant.

2°. Un rassemblement d'officiers de la garde nationale sédentaire, par ordre, dit-on, de l'exposant, qui y aurait assisté, et y aurait fait des propositions coupables.

3°. Une tentative de faire battre la générale, que l'acte d'accusation attribue à l'exposant.

Pour parvenir à ce résultat, quatre-vingt-dix-huit témoins ont été entendus. Mais un grand nombre de ces dépositions ont dû être écartées de l'analyse, comme tout-à-fait étrangères à l'exposant. Les unes remontaient au 23 mars 1815, et aux mouvemens qui eurent lieu alors. D'autres sont des systèmes sur l'origine de la révolution du 20 mars. D'autres, enfin, sont relatives à des crochets, que l'exposant avait dû faire fabriquer, dans l'intention d'accrocher les royalistes futurs. Ces crochets, qui se trouvèrent tout à coup par les rues, furent recounus pour être de ceux qui servent aux troupes campées, pour porter la viande de distribution, et que les soldats, licentiés, avaient vendus ou jetés, au lieu de les rendre. La sublimité du ridicule de l'accusation en fit tellement ressortir l'odieux, que les juges en eurent honte, et l'abandonnèrent dans le jugement définitif. Il en résulte au moins que ces témoignages, compris dans la liasse des procédures, doivent être comptées à décharge pour l'exposant, dans la balance totale.

Quant aux trois faits ci-dessus mentionnés, voici les résultats que présente l'analyse (*lettre C*).

Pour le premier fait. Les 1ᵉʳ., 7ᵉ. et 16ᵉ. témoins ne font aucune mention de l'exposant. Les dépositions des 22ᵉ., 25ᵉ. et 26ᵉ., sont relatives au rassemblement du 15, et par conséquent ne parlent pas de lui. Les 7ᵉ. et 8ᵉ. nomment d'autres individus. Ce premier fait se trouve donc naturellement écarté.

Pour le second fait. Sur la question de savoir si l'exposant avait ordonné la réunion du 13 au soir, le 35ᵉ. témoin est le seul qui dise avoir reçu un ordre de l'exposant. Les 3ᵉ., 4ᵉ., 7ᵉ., 8ᵉ., 10ᵉ., 11ᵉ., 16ᵉ., 18ᵉ., 17ᵉ., 20ᵉ., 21ᵉ. et 37ᵉ., établissent que l'exposant n'avait aucune part à cette mesure. Le 44ᵉ. le dit positivement. Le 9ᵉ. n'a rien appris que par ouï-dire. Les 23ᵉ., 28ᵉ., 29ᵉ. et 30ᵉ., parlent de la réunion du 15 juillet : voilà donc un seul témoignage contre dix-huit à décharge. L'indécision sur celui qui a donné l'ordre, suffirait pour prouver qu'il est parti de tout autre individu, surtout si l'on réfléchit que l'ordre du jour du 6 juillet, dont copie est ci jointe (*lettre D*), nommant l'exposant pour réorganiser la garde nationale, et l'exposant en ayant passé la revue le 7, son autorité était établie et connue, et il n'avait pas besoin de se cacher pour ordonner aux officiers de se réunir.

Sur la question de savoir, si l'exposant a assisté au rassemblement. Les 7e, 8e, 37e et 44e témoins et le co-accusé Simon, disent y avoir vu l'exposant. Les 10e, 11e, 16e, 18e, 19e, 20e, 21e et 35e témoins, et le sieur Toussaint, mis hors de prévention, disent ne pas l'avoir vu. Les 23e, 28e, 29e et 30e, et les accusés Tisserand et Ruzé, parlent de la réunion du 15 juillet. Ainsi, sur vingt témoins, six sont nuls et neuf favorables. Au reste, la déposition du 75e témoin, le général Miollis, qui dit avoir conféré avec l'exposant, dans la soirée du 13 juillet, explique ces variations. Pour se rendre chez le général Miollis, l'exposant devait passer sur l'esplanade, où les officiers étaient réunis, et il est naturel que quelques-uns l'aient vu et aient appris de lui qu'il allait chez le gouverneur, tandis que les autres l'ont ignoré.

Relativement aux propositions que l'exposant a dû faire à cette réunion, les dépositions des 7e, 8e, 10e, 11e, 20e, 35e, 37e, 44e témoins et du major Degras, qui ont rapport à ce fait, présentent une telle variété, qu'il est facile d'en déduire que la réunion n'avait aucun but déterminé, et qu'aucune proposition n'y fut faite, si ce n'est par le 35e témoin, Richard Jacques, qui avoue en avoir fait une, qui fut exécutée par lui. Les 23e, 28e, 29e et 30e parlent encore de la réunion du 15, étrangère à l'exposant. Quant au dire du 7e et 8e, que l'exposant devait faire entrer en ville les troupes du camp, il est d'une absurdité qui suffit pour en démontrer la fausseté. Les troupes dont il s'agit formaient la division commandée par le lieutenant-général Rouyer, à qui l'exposant ne pouvait certes pas donner d'ordre, et sous les ordres de qui il fut lui-même employé le 15 juillet. (*Voyez lettre* E.)

Mais les deux premiers faits, que l'exposant vient d'examiner, sous le rapport des preuves résultantes de la procédure, n'étaient qu'un moyen gradatif d'arriver au plus important, et de donner une couleur à la tentative de faire battre la générale, qui, sans un but coupable, n'était qu'un objet de discipline militaire, ou un acte de folie.

Pour ce troisième fait, la procédure, loin de fournir des preuves suffisantes de son existence, surtout en considérant l'exposant comme son auteur, présente au contraire des témoignages, dont les contradictions donnent l'idée d'individus qu'on a voulu faire parler, et qui n'ont pas su s'en acquitter. Trois dépositions même sont si évidemment fausses, que des juges, qui n'auraient pas été guidés par la prévention, ou la passion, en auraient fait la remarque sur-le-champ.

Le 2e témoin, officier de garde à la commune, dit qu'un officier supérieur, *qu'il ne connaît pas* (1), lui donna l'ordre de battre la générale, et se fit conduire chez le colonel de la garde nationale, dont il ignorait la demeure. Or, les 5e, 6e, 13e, 14e et 15e témoins, qui parlent de l'individu inconnu qui se présenta, déposent tous que l'officier de garde était alors absent de son poste.

La déposition du 3e témoin, colonel de la garde nationale, repose, pour le fait principal, sur le dire du précédent. Il allègue que deux officiers l'accompagnèrent au corps-de-garde ; ce sont les 7e et 8e témoins qui nient le fait. Il dit encore avoir fait un rapport en conséquence au général Miollis, et la déposition de ce dernier dit le contraire (2).

Le 12e témoin, qui dépose faux, en affirmant la présence de son officier, ne nomme l'exposant que sur un *ouï-dire*. Le 13e té-

---

(1) Cet officier, capitaine de la garde nationale, était en relation personnelle avec l'exposant pour la vérification des contrôles de sa compagnie. Celui qu'il appelle *un inconnu* n'était donc pas l'exposant.

(2) La fausseté de la déposition résulte du fait même. Si ce qu'il dépose était vrai, le colonel n'ayant pas fait un rapport *positif*, était complice ou au moins coupable de négligence. S'il avait dénoncé l'exposant au général Miollis, comme il le prétend, le

moin dit que l'exposant s'est nommé à son camarade (le 14ᵉ), et ce dernier nie le fait, ainsi que *l'ordre reçu de faire battre la générale*. Les 5ᵉ, 6ᵉ, 14ᵉ, 15ᵉ et 17ᵉ témoins ne parlent que *d'un inconnu*, et attribuent le projet de battre la générale aux soldats de garde.

La contexture de toutes ces dépositions est destinée à montrer qu'un individu était venu au corps-de-garde donner l'ordre de battre la générale ; cet individu, *qui ne connaissait pas la demeure du colonel de la garde nationale*, devait être désigné pour être l'exposant ; mais, c'est ce que la procédure est loin d'établir. Au reste, la fable était maladroitement ourdie. L'exposant, par les fonctions que lui avait attribuées l'ordre du jour du 6 juillet, était en relation journalière avec ce colonel, dont il devait nécessairement connaître la demeure. D'ailleurs, si l'exposant avait eu besoin de lui parler, au lieu de se donner la peine de le chercher, il pouvait lui donner l'ordre de venir. L'exposant était connu à Metz, et, le 7 juillet, il avait passé la revue de la garde nationale et avait réuni les officiers en cercle ; l'officier et même le sous-officier de garde devaient le connaître. Enfin, il résulte de la déposition du général Miollis, que, ce jour-là même, et à l'heure indiquée pour la prétendue tentative, l'exposant était chez le gouverneur, en conférence. Est-ce aller trop loin que d'avancer que, non-seulement le troisième fait et le principal n'est en aucune façon imputable à l'exposant, mais qu'il est facile de reconnaître, dans cette partie surtout de la procédure, une machination tendante à le rendre victime d'une fausse accusation ? En effet, il résulte clairement des dépositions du général Belliard (76ᵉ.) commandant en chef les 3ᵉ. et 4ᵉ. divisions militaires, et du général Miollis (75ᵉ.), gouverneur de Metz, que la tranquillité de la

---

général Miollis devait faire arrêter l'exposant et le traduire devant un conseil de guerre, et certes il était trop exact pour ne pas l'avoir fait. Cependant l'exposant n'a été ni arrêté, ni accusé dans le temps, pour cet objet.

ville n'a point été troublée ; que les prétendus complots n'ont été que des *on dit ;* et que la police, à qui on peut raisonnablement attribuer ces machinations, n'avait pu réunir contre l'exposant aucune dénonciation, qui présentât des apparences plausibles. Ces dépositions des autorités principales, qui devaient être les mieux instruites, ont été écartées dans l'acte d'accusation.

SUR LE QUATRIÈME POINT. L'arrêt de condamnation répétant les allégations de l'acte d'accusation, relativement à une *prétendue rebellion contre l'autorité légitime,* ici s'appliquent les réflexions déjà faites au deuxième point, sur l'inconvenance du renversement de principes que présente le rapprochement des faits, des dates, et de l'état des choses, à l'époque du prétendu délit et à celle du jugement.

SUR LE CINQUIÈME POINT. L'arrêt du 19 septembre 1816, indique le nommé Guillaume, ex-général, né à Vaudoncourt, et, ainsi que l'acte d'accusation, le charge d'avoir usurpé des fonctions relativement à la garde nationale. Ces qualifications, imaginées pour justifier le prononcé de l'arrêt, sont fausses. L'ordre du jour du 6 juillet (*lettre* D.), établit pour l'exposant, les fonctions d'*Organisateur de la Garde nationale,* en sa qualité de *maréchal de camp,* qu'il n'avait point perdue depuis, n'ayant été ni condamné, ni destitué. Mais encore, en admettant que les juges eussent ignorés un ordre du jour, dont il est cependant fait mention dans la déposition du général Miollis, ils ne pouvaient pas ignorer la grande revue du 7 juillet, où toute la ville a assisté, et où l'exposant a été reconnu, à la tête de la garde nationale. Là, l'exposant, l'un des défenseurs de Thionville, couronné dans la ville de Metz ; le premier qui, avec son père, aient pris les armes et levé un corps, pour défendre le département de l'invasion ennemie, en 1792 ; là, dis-je, l'exposant reçut des témoignages si éclatans et si unanimes de l'affection de ses loyaux concitoyens, qu'il a du compter ce jour comme le plus beau de sa vie. Est-ce à ces témoignages d'action et de confiance, que l'exposant a dû la condamnation dont il est victime ? La procédure tendrait à le faire croire. La précipitation avec laquelle on a voulu condamner l'exposant, a été telle, qu'on ne s'est pas donné la peine de demander ses états de service au ministère, et qu'on l'a fait naître, au hasard, à Vaudoncourt, où il n'est point né.

L'examen de la procédure, dont l'exposant vient de donner l'analyse, l'irrégularité et l'injustice avérée de son résultat, la nullité et la fausseté même de l'acte d'accusation, dressé, comme procureur du roi, par le même individu, jadis organisateur et président du comité révolutionnaire de Metz, qui, en 1793, fit traîner la famille de l'exposant dans les cachots, et poursuivit sa mort. Tous ces motifs donnèrent à l'exposant la douloureuse conviction qu'il était la victime d'odieuses intrigues de la part d'individus, qui ont voulu faire oublier le passé, et faire parade d'un zèle excessif, en cherchant quelqu'un à immoler.

L'exposant résolut donc alors de réclamer la révision et la réformation d'un jugement, qu'il crut pouvoir qualifier d'inique. Le 21 février 1821, il adressa, à cet effet, un mémoire au garde des sceaux; et n'ayant reçu aucune réponse, si ce n'est un refus, où l'on n'eut même aucun égard à la nouvelle position, résultante des faits allégués, l'exposant hasarda un second mémoire, en date du 11 juillet 1822, dont copie est ci-jointe (*lettre* G) et qui resta sans réponse (1).

---

(1) La démarche de l'exposant lui était dictée par la loi, et selon les formes qu'elle prescrit. Les motifs pour lesquels il réclamait la révision du jugement, étaient, ainsi qu'on peut le voir facilement dans l'exposé ci-dessus, de nature à rentrer dans les prévisions des art. 181 et 183 du code pénal, et il ne demandait pas de prendre ses juges à partie, mais qu'un jugement, qu'il qualifiait d'inique;, fut cassé. L'art. 486, du code d'instruction criminelle, dictait à l'exposant la marche qu'il avait à suivre. On ne saurait alléguer l'alternative portée au § 2, car un droit facultatif est absolu et incontestable, pour celui en faveur duquel il est établi, et ensuite il ne s'agissait pas d'une prise à partie des juges, et il n'y avait point de cause incidente. Le même art. 486, traçait au garde des sceaux ses devoirs à remplir, et les refus qu'a éprouvé l'exposant sont un véritable déni de justice.

(14)

En 1824, et au commencement de 1825, l'exposant renouvela sa démarche auprès du ministère de la justice, et réclama de l'équité du gouvernement la réparation de ce qu'il avait souffert. Le respect que l'exposant croyait devoir au corps de la magistrature, malgré le vice de la chose jugée, lui faisait repugner lui-même au scandale d'une action intentée contre un jugement rendu, pour cause de nullité et de fausseté de l'acte d'accusation sur lequel il repose. Il se réduisit donc à réclamer sa réhabilitation et une indemnité, qui lui était due à tant de titres. Mais en même temps, il se disposait à se présenter lui-même, pour réclamer la justice qui lui était due. Le garde des sceaux, pour toute réponse, fit dire à l'exposant, par le canal de l'ambassadeur de France, à Londres, qu'à l'époque du couronnement du souverain actuel, un décret royal accomplirait ses vœux, et il lui conseilla d'attendre ce moment.

Une ordonnance du 28 mai 1825, rappela en effet l'exposant dans sa patrie. Mais dans quelle situation s'y trouva-t-il? La mort civile l'avait atteint, et ses héritiers s'étaient emparés de ses propriétés, et s'y sont maintenus (1); *dix années ont été rayées de ses services*, et l'exposant, le septième des officiers-généraux de son grade, se vit mis à la réforme. L'application arbitraire d'une

---

(1) Non-seulement les héritiers de l'exposant se sont maintenus en possession de son héritage paternel, mais ils lui ont disputé l'héritage de sa mère, décédée depuis son retour, et en ont été mis en possession par un jugement. Abandonné pendant dix ans, dans l'exil, sans secours de ceux qui jouissaient de son patrimoine, privé de toutes ressources et mis à la réforme depuis sa rentrée, quelle aurait été la situation de l'exposant, sans l'assistance généreuse de la personne, qui, après avoir épuisé toutes ses ressources pour le soutenir, partage aujourd'hui le travail nécessaire à tous deux. Cet appui a pu lui donner la force de surmonter les peines et les privations auxquelles il est condamné depuis si long-temps, et d'échapper aux effets destructeurs des infirmités et des chagrins.

mesure, née des caprices ministériels, fut l'indemnité qu'il reçut, pour prix des injustices dont il était la victime.

Aussi étonné qu'indigné de la supercherie employée à son égard, l'exposant éleva de nouvelles réclamations. Fatigué des réponses évasives qu'il recevait et où l'on feignait de ne pas le comprendre, le 22 août 1827, l'exposant adressa, au Roi en son conseil, un dernier mémoire dont copie est incluse (*lettre* H). Ce mémoire, que le président du conseil des ministres avait promis de présenter, resta sans réponse. La santé de l'exposant, délabrée par la suite de ses blessures et de ses souffrances physiques et morales, ne lui permit pas de faire d'autres démarches pour obtenir enfin une décision.

Ainsi, un ancien officier général, après quarante ans de services aussi honorables que pénibles, et pour prix de son sang versé pour la patrie, se voit aujourd'hui dépouillé de ses propriétés, privé du fruit de ses services, réduit à un misérable secours, ironiquement appelé traitement ; et cela, parce que, victime d'un jugement rendu contre toute équité, sur un acte d'accusation absurde et mensonger, il a en vain réclamé justice auprès d'un ministère, qui a foulé aux pieds tous les devoirs qui lui étaient prescrits envers les citoyens, non moins qu'envers la nation.

Lorsque dans le siècle passé, sous un gouvernement absolu, la catastrophe des Calas et des Sirven est venue épouvanter et indigner l'Europe par des arrêts, peut-être plus excusables que celui qui a frappé l'exposant (1), la justice du gouvernement a su réparer les maux faits par l'ignorance et la prévention. Sous un gouvernement constitutionnel, l'injustice serait-elle impunie et irréparable? Il faut espérer que cette tache ne sera pas imprimée sur notre nation, à la face de l'Europe.

L'exposant a épuisé, messieurs, toutes les voies de réclama-

---

(1) En effet, dans ces deux causes, il y avait un délit existant. Le fils des Calas, la fille des Sirven, avaient péri. Il y eut erreur dans la désignation des coupables, et cette erreur fut reprochée aux juges, par

tion que la hiérarchie administrative lui offrait, et il ne lui reste plus, pour sortir de la situation désastreuse où il se trouve, à la honte de toute justice et de toute équité, d'autre ressource que celle de recourir à votre intervention protectrice.

Il vous prie donc, Messieurs, de vouloir bien prendre en considération l'exposé ci-dessus, et lui faire obtenir la révision, et l'annulation, qui en est la conséquence inévitable, d'une procédure inique ; et comme les effets de la mort civile consommée, la vente et la dispersion des propriétés de l'exposant, dont les héritiers ont même quitté la France, ne permettent plus de l'en remettre en possession : que le gouvernement indemnise l'exposant de leur équivalent, ainsi que de dix ans de demi solde, dont il a été privé, par le fait des magistrats, rendant la justice en son nom (1). Il restera toujours à l'exposant, *dix années de souffrances et de malheurs, et la destruction de sa santé,* que rien ne peut réparer.

Pénétré de la plus intime confiance dans l'équité et dans la sollicitude des représentans de la nation, réunis dans la Chambre des Députés de la France, l'exposant termine, Messieurs, par l'expression du profond respect et du dévouement qu'il professe, pour les pouvoirs constitutionnels de sa patrie.

Paris, le 24 janvier 1829. *Guillaume* DE VAUDONCOURT.

---

l'opinion publique, comme un crime impardonnable. Pour parvenir à condamner l'exposant, et à réunir sur un citoyen innocent tous les maux qu'il a souffert, il a fallu inventer un délit, et en controuver toutes les circonstances. Nous nous abstiendrons de toute réflexion où les faits parlent.

(1) Il faut espérer que, dans le cas présent, le ministère ne se retranchera pas derrière un système économique ; il n'y a pas lieu ici à employer ni à appliquer cette dénomination : *Economiser,* c'est s'abstenir ou supprimer les dépenses superflues, les emplois inutiles, les traitemens exorbitans ou cumulés. Refuser d'indemniser un citoyen des pertes qu'on lui a fait éprouver, par une injustice évidente ; retenir ce qui lui est légitimement du, à ce degré, s'appelle d'un autre nom que celui d'économie.